ANSIEDADE

Guia De Alívio Da Ansiedade Para Superar A
Depressão

(Guia De Auto-desenvolvimento Para Vencer A
Ansiedade, Depressão, Ataques De Pânico)

Tom Clem

I0082418

Traduzido por Daniel Heath

Tom Clem

Ansiedade: Guia De Alívio Da Ansiedade Para Superar A

Depressão (Guia De Auto-desenvolvimento Para Vencer A

Ansiedade, Depressão, Ataques De Pânico)

ISBN 978-1-989837-36-8

Termos e Condições

De modo nenhum é permitido reproduzir, duplicar ou até mesmo transmitir qualquer parte deste documento em meios eletrônicos ou impressos. A gravação desta publicação é estritamente proibida e qualquer armazenamento deste documento não é permitido, a menos que haja permissão por escrito do editor. Todos os direitos são reservados.

As informações fornecidas neste documento são declaradas verdadeiras e consistentes, na medida em que qualquer responsabilidade, em termos de desatenção ou de outra forma, por qualquer uso ou abuso de quaisquer políticas, processos ou instruções contidas, é de responsabilidade exclusiva e pessoal do leitor destinatário. Sob nenhuma circunstância qualquer, responsabilidade legal ou culpa será imposta ao editor por qualquer reparação, dano ou perda monetária devida às informações aqui contidas, direta ou indiretamente. Os respectivos autores são proprietários de todos os direitos autorais não detidos pelo editor.

Aviso Legal:

Este livro é protegido por direitos autorais. Ele é designado exclusivamente para uso pessoal. Você não pode alterar, distribuir, vender, usar, citar ou parafrasear qualquer parte ou o conteúdo deste ebook sem o consentimento do autor ou proprietário dos direitos autorais. Ações legais poderão ser tomadas caso isso seja violado.

Termos de Responsabilidade:

Observe também que as informações contidas neste documento são apenas para fins educacionais e de entretenimento. Todo esforço foi feito para fornecer informações completas precisas, atualizadas e confiáveis. Nenhuma garantia de qualquer tipo é expressa ou mesmo implícita. Os leitores reconhecem que o autor não está envolvido na prestação de aconselhamento jurídico, financeiro, médico ou profissional.

Ao ler este documento, o leitor concorda que sob nenhuma circunstância somos responsáveis por quaisquer perdas, diretas ou indiretas, que venham a ocorrer como resultado do uso de informações contidas neste documento, incluindo, mas não limitado a, erros, omissões, ou imprecisões.

Índice

Parte 1

Introdução

Quero agradecer a você e dar os parabéns por baixar este livro.

O hoje é um mundo moderno, acelerado onde cada dia está repleto de demandas que devemos atender e prazos a que devemos nos ater. Temos muitos compromissos, devemos realizar uma enorme quantidade de responsabilidades que assumimos, especialmente no campo profissional, que está se tornando cada vez mais competitivo com o passar do tempo.

Não é surpresa então, que muitas pessoas se encontram sentindo-se bastante ansiosas quando se deparam com uma situação que poderia ser potencialmente ameaçadora para elas. O estresse aparece de várias formas para pessoas diferentes - uma entrevista de emprego para um estudante universitário recém-formado, um encontro às cegas para alguém que não costuma sair muito, um prazo a cumprir com uma apresentação difícil a ser dada em frente a toda a Diretoria, etc.

Nestas situações, é normal se sentir ansioso, preocupado e até mesmo um pouco estressado.

No entanto, se suas preocupações forem constantes, isto é, elas não cessam assim que a situação estressante termina ou você está se preocupando com algo que não gera tanto estresse, há uma grande possibilidade de que você esteja lutando contra um transtorno de ansiedade. Esse tipo de estresse interfere com a qualidade da sua vida diária e não permite que você descanse. É o tipo de estresse e preocupação que cruza a fronteira das preocupações diárias para o medo ativo que começa a oprimir sua rotina diária até chegar ao ponto onde você não consegue trabalhar e cumprir seus compromissos.

Mas, veja! Não se desespere! Os transtornos de ansiedade vêm em diferentes formatos e tamanhos, mas eles não representam o fim da sua vida como você a conhece! Como qualquer outra doença física, problemas mentais também são facilmente abordados: tudo que você precisa é de um pouco de paciência e maturidade para compreender com o que você está lidando e as diferentes opções de tratamento disponíveis. Assim que você souber qual é o seu problema, você poderá facilmente dar os passos necessários para retomar o controle da sua vida.

Neste livro, iremos investigar precisamente o que é a ansiedade, quais são os diferentes tipos de ansiedade e como você poderá superar a ansiedade aplicando métodos profissionais e de autoajuda. Veremos algumas soluções práticas, em tempo real que você pode praticar sozinho para ampliar qualquer ajuda profissional da qual você possa se beneficiar!

Obrigado novamente por baixar este livro e espero que você goste da leitura!

Capítulo 1: Ansiedade – Uma visão geral

Como eu disse, um transtorno de ansiedade é algo que deve ser levado a sério. Ele pode causar muitos problemas e efeitos colaterais na qualidade de vida. Ele também pode causar outros problemas de saúde física se não tratado adequadamente.

O que é ansiedade?

Então antes de pensar em buscar tratamento para ansiedade, vamos primeiro tentar entender o que é ansiedade.

A ansiedade, segundo a Medicina, é a resposta natural do corpo ao perigo. Quando você se sente ameaçado por uma situação, seu corpo responde automaticamente com um pico de adrenalina que faz seu coração palpitar e as palmas das mãos começarem a suar. Então, esse tipo de medo, numa base diária normal, moderadamente, na verdade não é uma coisa ruim. A ansiedade moderada pode ser útil: ela aguça seus sentidos, mantém você focado e motiva você a terminar as coisas.

No entanto, quando essa ansiedade se traduz em um pânico debilitante ou uma sensação opressora de medo de coisas que as pessoas geralmente não teriam problemas em fazer... é aí que as coisas ficam ruins. Esse tipo de ansiedade não é uma ansiedade funcional que seja produtiva de qualquer maneira – é um transtorno que precisa ser tratado como qualquer outro transtorno físico.

Como identificar a ansiedade

Um transtorno de ansiedade é muito diferente do estresse regular induzido por uma vida acelerada. Não que esse estresse não tenha efeitos colaterais. Mas o transtorno de ansiedade é um problema muito mais evidente – é uma versão ampliada desse estresse que pode causar problemas na sua rotina diária ao ponto de ser não apenas improdutivo, mas completamente contraproducente!

Eis algumas poucas questões que você pode responder para identificar se você tem um transtorno de ansiedade:

- Com que frequência você fica tenso, preocupado ou com medo?
- Esse medo interfere nas suas habilidade de fazer suas atividades diárias de trabalho, escola e similares?
- Com que frequência você enfrenta medos que você sabe que são irracionais, mas parece não conseguir se livrar deles?
- As coisas tem que ser feitas de uma maneira particular, exata para você? Você acredita que irá falhar ou sente um medo debilitante ao pensar que algo não será feito do seu jeito?
- Você acaba evitando atividades diárias na sua vida(como ir para um café com amigos ou sair em público) porque isso causa muito medo ou preocupação a você?
- Você tem momentos repentinos onde seu coração começa a acelerar em pânico e você tem dificuldade de respirar?
- Você sente que sua vida está saindo do controle e você gostaria de ficar na cama o dia todo simplesmente porque é o único lugar seguro que você conhece sem qualquer tipo de medo?

Se as respostas para todas as questões acima forem positivas, então é bastante possível que você esteja sofrendo de um transtorno de ansiedade. Lembre-se há muitos transtornos, cada um com seus próprios problemas específicos, ainda que todos se sobreponham e, em geral, causem estrago no seu sistema. É melhor consultar um médico antes de tentar tratar a si mesmo(a) – você precisa identificar que tipo de ansiedade você está sofrendo antes de que você possa tratá-la.

Sinais e sintomas de transtornos de ansiedade

O problema com a ansiedade é que ela é diferente para cada pessoa. Assim como todos nós temos nossas personalidades únicas e individuais, assim também são nossos conjuntos de gatilhos extremamente diferentes – onde uma pessoa poderia ter um ataque de pânico aleatório no meio de uma multidão, outro poderia sofrer de um medo debilitante de dirigir. A ansiedade surge em diferentes formas, formatos e tamanhos – como em qualquer transtorno mental, ela é personalizada para se adequar ao indivíduo.

Então, mesmo que este problema torne difícil categorizar a ansiedade e identificá-la, todos os transtornos de ansiedade tem uma característica consistente: a existência e persistência de um medo grave em uma situação onde uma pessoa sem ansiedade não se sentiria ameaçada.

Esses sintomas de ansiedade são ambos, emocionais e físicos. Um dos principais problema com a maioria dos transtornos mentais, particularmente a ansiedade, é que as pessoas tendem a rejeitá-los tratando-os apenas como hipersensibilidade. O fato é – a pessoa não está sendo sensível. Ela está tendo uma reação muito real e humana a algo que causa dor a ela. Não é muito diferente de pisar em um espinho e querer se livrar da dor no pé, mas essa é um tipo de dor invisível que a maioria das pessoas não entende.

A angústia emocional se traduz em sintomas físicos. Quanto mais angustiada emocionalmente uma pessoa está, piores serão os sintomas físicos. Isso se dá porque seu corpo está respondendo ao medo muito real que você está sentindo – está provocando sua resposta de luta e fuga e você está preso em um estado fisiológico que pode ser aterrorizante se você não entender pelo que está passando.

Dê uma olhada rápida nos diferentes tipos de sintomas que você poderá experimentar na seção seguinte:

Sintomas emocionais da ansiedade

A ansiedade é, em grande parte, um problema emocional e mental. A causa da ansiedade de uma pessoa é específica para aquela pessoa – algumas pessoas podem se tornar ansiosas por conta de um trauma repentino e outras podem desenvolver ansiedade por anos de negligência ou abuso emocional e algumas pessoas podem até mesmo não ser capazes de identificar o motivo pelo qual estão tão ansiosas.

Em todo caso, estes são, em geral, os sentimentos que a maioria das pessoas com transtornos de ansiedade enfrentam:

• Um medo constante e/ou irracional de uma situação que não é ameaçadora para a maioria das pessoas;

• Dificuldade de se concentrar em um item;

• Sentir-se nervoso e agitado;

• Antecipar constantemente o cenário do pior caso;

• Irritabilidade e inquietude e

• Uma sensação de que sua mente está em branco.

Lembre-se que você não precisa sofrer de todos os sintomas e que eles mudam de pessoa para pessoa (pessoas diferentes vivem a ansiedade de maneira diferente).

Sintomas físicos da ansiedade

Como eu disse, a ansiedade pode ser um problema emocional, mas ela também causa desconforto físico. Quanto mais ansioso você fica, mais seu corpo responde – uma ampla variedade de sintomas fisiológicos é apresentada, desde palmas das mãos suadas a ataques de pânico completos.

Eis alguns dos sintomas físicos de ansiedade mais comuns:

- Coração acelerado;
- Suor excessivo;
- Náusea ou desconforto estomacal;
- Tontura;
- Micção frequente, até mesmo diarreia;
- Dificuldade para respirar e respiração curta;
- Tremores ou agitação;
- Tensão muscular;
- Dores de cabeça frequentes;
- Insônia e
- Fadiga constante.

Novamente, os sintomas mudam de pessoa para pessoa e você pode ou não experimentar todos eles.

Como a ansiedade se relaciona com a depressão?

Se você observar as estatísticas e perfis dos pacientes, a maioria das pessoas que tem transtornos de ansiedade também passa por depressão. Pode ser apenas uma forma leve de depressão, mas elas definitivamente relatam estar deprimidas em um momento ou outro em suas vidas. Os médicos acreditam que isso acontece porque ambos, a depressão e a ansiedade, acontecem como um resultado da mesma vulnerabilidade biológica que as pessoas têm.

Deixe-me explicar de maneira mais simples. Imagine que a cada dia você fica com mais medo das coisas mais comuns, como sair em público. Quando mais você sentir medo, piores as coisas se tornam; sua percepção de si mesmo toma um choque porque você não consegue realizar as atividades mais básicas que todos os seus amigos e família fazem. Seus níveis de confiança e sua autopercepção são atingidos repetidamente, levando a uma percepção fraturada de si mesmo.

Esse problema é prorado por pessoas bem intencionadas que nos amam, que afugentam esses medos como irracionais e dizem a você para "superar" ou "parar de agir como criança". Elas têm boas intenções, mas como não entendem que a ansiedade é um transtorno muito real, elas tendem a fazer com que você se sinta pior por passar por esse problema. Elas o invalidam e fazem com que ele se torne a coisa mais estúpida, o que, quando você já está lutando,pode tornar as coisas muito piores.

É alguma surpresa então que você se torne depressivo? Nem todas as vítimas de ansiedade passam pela depressão, mas a maioria das vítimas relata ter estado deprimida e é fácil ver o porquê. A depressão piora muito a ansiedade; e também acontece do jeito contrário. Uma pessoa deprimida pode desenvolver transtornos de ansiedade após chegar ao fundo do poço (em quaisquer dos casos, é necessário tratamento, como você trataria qualquer outra doença física normal).

Capítulo 2: Tipos de transtornos de ansiedade e seus desfechos

Como mencionei anteriormente, a ansiedade vem em diferentes formas e tipos. Cada pessoa irá exibir um conjunto diferente de sintomas, causado por suas personalidades, situações e ambientes diferentes. É por isso que pode ser difícil encontrar a raiz da ansiedade. No entanto, falando de maneira ampla, há seis categorias de ansiedade. Vamos analisá-las uma a uma.

Transtorno de Ansiedade Generalizada (TAG)

Esse é, talvez, o tipo mais difícil de diagnosticar, apesar de ser o tipo mais básico de ansiedade. Ao contrário do TEPT ou da fobia, as vítimas de TAG geralmente não tem gatilhos óbvios – elas sofrem de uma sensação de medo persistente, vivendo cada dia em um estado problemático.

Essas pessoas são frequentemente rejeitadas como pessoas constantemente preocupadas. Elas se sentem ansiosas, quase o tempo todo, sem motivo ou razão de estarem se sentindo assim. Elas sentem constantemente que alguma coisa ruim está para acontecer, o que piora pelo fato de que as pessoas ao seu redor não a levam a sério.

Esse tipo de ansiedade se apresenta fisicamente com mais frequência na forma de insônia – você provavelmente não consegue dormir porque sua mente não consegue parar e você se sente totalmente inquieto, apesar de estar completamente exausto. Os sintomas físicos também podem incluir desconforto estomacal, náusea, fadiga e agitação.

Transtorno do Pânico

O transtorno do pânico é um tipo de ansiedade que é caracterizada por ataques aleatórios e repetidos de pânico, que são acompanhados por um grande medo de quando será o próximo ataque. Basicamente, é quando você passa por ataques de pânico e você fica com medo de tê-los a qualquer momento. Em outras palavras, você fica com medo de ter medo.

Então, o motivo pelo qual você tem esses ataques de pânico poderiam estar relacionados a outro tipo de ansiedade. Por exemplo, você poderia ter uma fobia, como agorafobia, que é o medo de estar em um local novo ou com muita gente. Em tal situação, você tem medo não apenas do novo local, mas você tem medo do próprio medo, o que torna o ataque de pânico bastante provável.

Os sintomas físicos são geralmente os mesmos que os de um ataque de pânico normal, além dos sintomas de ansiedade gerais como palmas das mãos suadas e coração acelerado.

Transtorno Obsessivo-Compulsivo (TOC)

Ao contrário dos dois anteriores, este transtorno é muito específico, o que o torna mais fácil de diagnosticar e, portanto, de tratar. O TOC é o tipo de ansiedade que se caracteriza por pensamentos de comportamentos que você não pode controlar, mas que são muito específicos. Você está provavelmente atormentado com algum tipo de obsessão que deixa você constantemente preocupado ou com medo.

Por exemplo, você poderia se preocupar se esqueceu de desligar o forno (ainda que isso possa parecer bobo, para as pessoas com TOC isso poderia se transformar em um medo debilitante que o forno ainda ligado poderia machucar alguém ou causar dano). Essas pessoas precisam que as coisas sejam feitas de uma certa maneira ou isso fará com que se sintam aterrorizadas e possivelmente irão enfrentar um ataque de pânico.

Você também poderá ter essas compulsões que entorpecem a mente que você não consegue controlar, como querer lavar as mãos constantemente – você tem pavor de germes e faz questão de deixar suas mãos limpas, então você as lava muitas vezes, não importando o quão limpas elas já estejam.

FOBIAS

Novamente, as fobias são muito específicas em sua natureza e mais fáceis de diagnosticar. Uma fobia é ter medo de um objeto, situação, ambiente ou atividade muito específica que causa estresse toda vez que você pensa a respeito disso. Isso passa despercebido a maior parte do tempo, já que a maioria das pessoas tem alguma forma de medo moderado das fobias vistas geralmente – medo de altura, medo da morte, medo de animais como cobras e aranhas, etc.

No entanto, quando esses medos comuns se tornam debilitantes e começam a incapacitar sua rotina diária, é aí que eles cruzam a categoria de fobia. Por exemplo, a claustrofobia é uma forma de ansiedade na qual não se tolera ficar em espaços fechados – espaços pequenos fazem você sentir pânico e poderiam até causar um ataque de pânico.

Várias fobias tem que ser tratadas – você acha que evitando a coisa ou local ou situação que causa medo a você, você escapou disso. Mas não. Ao invés disso, você apenas o fortaleceu, porque sem qualquer tipo de exposição, você tem ainda mais medo disso e quando você acabar finalmente encarando-o, você terá um ataque completo que deixará você incapacitado. O tratamento para fobias definitivamente ajuda nesses casos.

Transtorno de Ansiedade Social

Esse é um tipo de ansiedade que está ganhando mais e mais notoriedade entre os jovens hoje. Para simplificar, a ansiedade social é quando você tem pavor de ser visto negativamente ou ser humilhado pelos outros e em público. Obviamente, a maioria dos adolescentes passa por alguma forma disso durante seus anos de estudos, mas quando esse medo incapacita você de se conectar com qualquer um e faz com que você evite a interação social como um todo, isso se torna um transtorno que você precisa tratar.

O problema com a ansiedade social é que é difícil de diagnosticar – a maioria das pessoas não a reconhece como uma ansiedade, fazendo com que se passe por uma timidez extrema ou natureza introvertida da pessoa. Ainda que seja verdade que muitas pessoas ansiosas socialmente sejam introvertidas, há uma linha muito fina entre introversão e ansiedade. Os introvertidos não evitam situações sociais por medo de serem julgados ou humilhados – eles escolhem ficar sozinhos porque eles preferem a solidão, não por medo, mas simplesmente porque gostam de ficar sozinhos.

A ansiedade social, por outro lado, pode ser descrita como uma versão extrema da pressão de grupos, onde você se preocupa constantemente com olhar e estar em frente às pessoas. Você tende a diminuir seu próprio valor e se torna irracionalmente temeroso de que uma pessoa irá julgar você baseado em coisas simples como falar muito ou não dizer a coisa certa, etc. Você não quer parecer um idiota para elas e, como resultado, você evita o contato social, fazendo com que você se sinta muito deprimido e sozinho.

A ansiedade social frequentemente se apresenta como uma ansiedade de desempenho, como um medo de palco extremo. Os sintomas físicos são similares aos dos transtornos de ansiedade generalizada, onde você é incapaz de interagir com as pessoas por conta do medo.

Transtorno de Estresse Pós-Traumática (TEPT)

Essa é a forma de ansiedade mais amplamente conhecida e aceita. Ao contrário de outros tipos, as pessoas tendem a ser mais solidárias às vítimas de TEPT, talvez porque faça mais sentido para as vítimas de TEPT serem ansiosas e não seja normal para as vítimas que sofrem de TAG ou TOC terem ansiedade. Como o nome sugere, esse tipo de ansiedade é visto entre pessoas que sofreram um grande trauma de algum tipo – talvez guerra, estupro e possivelmente um ataque em suas vidas, etc.

Para divagar um pouco, o TEPT é óbvio porque a maioria das pessoas, incapazes de compreender transtornos de ansiedade, esperam que as vítimas fiquem ansiosas após uma experiência repentina e perigosa. No entanto, a ansiedade nem sempre trabalha dessa maneira; TOC, TAG e outros se desenvolvem durante um período onde você não percebe que seu medo está crescendo, mesmo que não tenha motivo para tal. Esse é, talvez, um dos motivos porque outros tipos de ansiedade são mais difíceis de diagnosticar. o TEPT é mais fácil simplesmente porque é o resultado direto de um evento traumático.

A maioria das vítimas de TEPT tem gatilhos que trazem *flashbacks* de seu trauma. Pesadelos e ataques de pânico sobre o evento são muito comuns; você ouviu histórias suficientes sobre soldados que ficam muito vigilantes em público e acabam atacando aleatoriamente civis porque estão passando por um *flashback*. Elas se assustam facilmente, são retraídas e estão constantemente tentando evitar situações que podem induzir um *flashback*.

Como em todos os transtornos de ansiedade, o TEPT pode ser tratado facilmente, ainda que seja necessária ajuda médica e profissional.

Sintomas de um ataque de pânico

Os ataques de pânico são a maneira mais comum de identificar que uma pessoa está sofrendo de um transtorno de ansiedade. No entanto, se ela chegou ao ponto de ter um ataque completo, significa que ela precisa de ajuda o mais rápido possível.

Os ataques tendem a acontecer muito repentinamente, sem aviso de quando e onde será. Geralmente, há algum tipo de gatilho. Pode ser óbvio como um som alto nas proximidades de um soldado que sofre de TEPT que dispara um gatilho de um *flashback* de um tiro. Mas muitas vezes, você tem um ataque do nada, sem realmente motivo ou razão.

Os ataques de pânico geralmente duram por 10 minutos, ainda que eles possam durar mais do que isso. Eles raramente se estendem além de 30 minutos, mas até mesmo um curto período causa estragos em você, ambos, física e mentalmente. Você sente que está para morrer e/ou que você não tem controle sobre nada. Os sintomas físicos são tão graves que muitas pessoas tendem a pensar que elas estão tendo um ataque cardíaco ao invés de pânico:

• Grande sensação de medo e pânico;

• Pavor de perder o controle e enlouquecer;

• Palpitações no coração; dores no peito;

• Falta de ar a ponto de sentir que você irá desmaiar;

• Sensação de asfixia e náusea ou tontura;

• Ondas de calor ou tremores;

• Cólicas estomacais;

• Sentir entorpecimento, despersonalização ou desrealização e

• Tremores e agitação de todo seu corpo.

Novamente, lembre-se, você pode não experimentar todos os sintomas. Se você estiver tendo um ataque de pânico, você precisa buscar ajuda – se você passar a evitar situações ou lugares porque isso dispara ataques regulares e repetidos, certamente é hora de se pedir ajuda!

Passando por um ataque de ansiedade

Obter ajuda para um transtorno só poderá acontecer se você conseguir passar por um ataque de pânico sem desmaiar. Não é fácil e para alguém que não sabe que é vítima de ansiedade, pode parecer que se está morrendo. Eis como você pode passar por um ataque de pânico:

• Aceite que você está tendo um ataque de pânico. Muitas pessoas cometem o erro de mandar o ataque embora – isso é impossível e apenas o tornará pior. Um ataque de pânico é a resposta fisiológica do seu corpo ao seu medo. Ele precisa seguir seu caminho, o que significa que você precisa aceitar para passar por ele com segurança.

• Respire durante o ataque. Há um motivo pelo qual as pessoas recomendam respirar profundamente para se livrar do estresse: quando mais profundamente você respira, mais oxigênio flui para seu cérebro, ajudando você a superar o ataque. Outro truque é respirar em padrões – conte até três e inspire, segure por três e expire por outra contagem de três. A contagem e padrões irão distrair sua atenção do seu medo, fazendo, portanto, o fluxo do seu pânico diminuir lentamente.

• Converse consigo mesmo. Ao aceitar que você está tendo um ataque, diga isso em voz alta – seja seu próprio conselheiro neste momento e tire-se do abismo que você sente que está prestes a cair. Tente pensar racionalmente e explique as coisas para si mesmo. Por exemplo, você desmaia quando sua pressão cai, o que não acontece de verdade em um ataque de pânico. Isso significa que você não vai desmaiar, não importa o quanto pareça que isso vai acontecer. Falar consigo mesmo dá base a você e ajuda no seu retorno assim que o ataque passar.

• Faça uma lista de todas as sensações físicas que você sente – a despersonalização e a sensação de entorpecimento irão lentamente começar a sumir. Mova seus membros, flexione seus dedos e tente focar em uma parte particular do corpo enquanto você se move. Essa distração irá ajudar a diminuir seu medo lentamente e a sensação do seu corpo irá trazê-lo de volta a si mesmo.

O truque para passar por um ataque é distrair seu cérebro do medo e deixar a resposta de luta e fuga morrer. Você não consegue mandá-lo embora ou fazer de conta que não está acontecendo. Você precisa aceitar e passar por ele, e na sequência buscar ajuda.

Capítulo 3: Lutando contra a ansiedade – Ajuda médica e profissional

Eis a boa notícia depois de toda essa quantidade de informação: os tratamentos de ansiedade podem ser tratados! Ao buscar a ajuda de um profissional da saúde, você será colocado em um regime de terapia que irá ajudar você a gerenciar sua ansiedade ao ponto de que você poderá funcionar bem novamente! Você poderá tomar o controle da sua própria vida.

Ajuda profissional para transtornos de ansiedade

Ao buscar a ajuda de um profissional da saúde certificado, frequentemente você será colocado em diferentes tipos de sessões de terapia para ajudar você a superar sua ansiedade:

• Terapia e Aconselhamento Profissional: esse é o tipo de ajuda médica mais comum, geralmente é usado para tratar TAG. Algumas vezes, tudo que você realmente precisa é que alguém realmente ouça seus medos, valide-os e trabalhe-os um a um com lógica, que é exatamente a ajuda dos profissionais de aconselhamento.

• Terapia Cognitivo-Comportamental: o nome extravagante é apenas uma distração da função simples que realiza. É uma versão intensificada de aconselhamento profissional. Esse tipo de terapia ajuda você a identificar o que assusta tanto você, faz com que você identifique os padrões negativos dos seus pensamentos e então ajuda você a encarar os medos irracionais com lógica tranquila.

• Terapia de Exposição – Como o nome sugere, você é exposto constantemente à situação ou a coisa que você teme. A lógica por trás disso é que quanto mais você encara seu medo, menos amedrontador ele se torna; conforme você compreende que você pode encarar o medo sem ser prejudicado, sua ansiedade começa a diminuir. Claro, isso deve ser realizado em um ambiente seguro e controlado sob a supervisão de um profissional experiente, ou pode dar muito errado.

Dos três, é o primeiro (Terapia e Aconselhamento Profissional) que foca no porquê você sente o que está sentindo. A terapia cognitivo-comportamental e a de exposição são mais direcionadas para corrigir comportamento relacionado ao problema psicológico subjacente. É por isso que elas são raramente executadas sem o aconselhamento profissional adequado. Você precisa passar por ambas para superar a ansiedade completamente.

Lutando contra a ansiedade com medicamentos

Medicamentos ansiolíticos são frequentemente prescritos por psiquiatras, mas eles tendem a ser uma faca de dois gumes. Como a depressão geralmente vem junto com a ansiedade, muitas pessoas tomam medicamentos antidepressivos e ansiolíticos, e a combinação dos dois pode causar estragos em um sistema já debilitado.

É por isso que você não deveria tomar medicamentos sem aconselhamento médico adequado. Para algumas pessoas, esses medicamentos são uma necessidade, já que eles os ajudam a funcionar adequadamente enquanto eles trabalham as raízes dos seus problemas psicológicos. Mas medicamentos ansiolíticos podem causar muitos outros problemas: a dependência poderia causar um vício, além de outros efeitos colaterais no seu corpo.

É por isso que eles não podem ser uma solução de longo prazo – por isso, você tem que abordar a causa principal. Os medicamentos ansiolíticos tradicionais são os bendodiazepínicos – são tranquilizantes que desaceleram seu sistema nervoso central, o que significa que eles reduzem o medo que você sente.

Os benzodiazepínicos geralmente agem rápido (de 30 minutos a uma hora para trazer alívio), que é o motivo pelo qual eles são frequentemente usados para acalmar uma pessoa após um ataque de pânico. Os mais comuns são Xanax, Valium, Ativan e similares, que estão facilmente disponíveis e são normalmente muito usados. Eles são viciantes e causam muitos efeitos colaterais nas pessoas – sono excessivo, sentir-se avoado, com falta de foco ou concentração, sentir-se descoordenado, etc. Quanto maior a dose que você toma, piores se tornam esses efeitos.

Esses medicamentos são metabolizados lentamente; isso significa que quanto mais você os usa, mais eles se acumulam no seu corpo. Supersedação, como é nomeada a situação, é claramente ruim para a saúde. Pode se tornar tóxica se passar despercebida.

Como você pode ver, tomar medicação para aliviar sua ansiedade é uma ideia ruim, especialmente por um longo período de tempo. Consulte seu médico e terapeuta, e certifique-se de que você entende todos os efeitos colaterais antes de começar a tomar – use esses medicamentos para aumentar sua cura, não transforme-os completamente na sua cura.

Sua ansiedade é psicológica ou fisiológica?

Algumas vezes, a causa raiz da ansiedade pode ser encontrada no próprio corpo. Ainda que muitas pessoas tenham ansiedade por causa de um problema de raiz psicológica – como um trauma repentino ou abuso emocional sustentado – algumas pessoas podem ter ansiedade como resultado de algum problema em seus corpos.

Por exemplo, a pesquisa mostra que ter um pequeno tumor na glândula pituitária – um microedema, como é chamado – pode causar apatia, ansiedade, inquietação emocional, etc. Claro, para que isso se desenvolva para um transtorno de ansiedade completo, há provavelmente outra raiz, causa psicológica, mas o tumor definitivamente atua na situação.

De maneira similar, condições como hipoglicemia, asma, problemas da tireoide, etc. podem causar ansiedade. Algumas drogas e alguns suplementos também podem trazer ansiedade a você. Certifique-se de que seus problemas não são causados por nenhuma dessas coisas.

Consulte um médico e um terapeuta e faça um checkup médico completo. Descarte todas essas possibilidades e então, se você ainda tiver ansiedade e ataques, vá buscar ajuda profissional. Trate a ansiedade como você trataria qualquer doença normal. Só porque está na sua cabeça não significa que não é real! Finalmente, lembre-se: a ansiedade pode ser gerenciada através de uma combinação de ajuda profissional e autocuidado. Na próxima seção, olharemos para como você pode ser proativo em ser capaz de gerenciar sua ansiedade.

Capítulo 4: Lutando contra a ansiedade – Autoajuda e autocuidado

A ansiedade como um todo pode ser gerenciada sem a ajuda de drogas ou medicação, fazendo algumas mudanças no seu estilo de vida e treinando a si mesmo(a) mentalmente. O autocuidado é uma grande parte do gerenciamento da ansiedade. Você pode cuidar de si mesmo(a) e ajudar-se a superar isso.

Lutando contra a ansiedade através de mudanças no estilo de vida

Você pode mudar algumas coisas na sua vida diária para ajudar você a gerenciar a ansiedade. Independente da possibilidade de você já ter desenvolvido um transtorno de ansiedade ou não, essas progressões irão ajudar você a viver melhor, menos estressado e com uma vida mais saudável.

DURMA

A maioria das pessoas sofre de insônia ao ter ansiedade. Isso piora as coisas porque você se sente avoado, cansado pela falta de sono e mesmo assim você não consegue dormir quando se deita. Parece o oposto, mas você tem que dormir – é um ciclo vicioso. Quanto menos você dorme, mais cansado se sente, mais ansioso fica e menos ainda você dorme na noite seguinte.

O truque é se preparar ativamente para dormir: desligue todas as telas como TVs, tablets, celulares, etc. ao menos uma hora antes de dormir. A radiação não deixa seu cérebro descansar. Além disso, tenha um horário fixo para dormir. Dormir cedo e acordar cedo não é um clichê sem motivo: isso faz maravilhas. Exercite-se ao final do dia, para cansar seu corpo fisicamente ao ponto de dormir assim que sua cabeça encostar no travesseiro.

Conte carneirinhos: funciona! Ouça uma música suave, respire profundamente e conte – tente tudo que puder para dormir. Quanto mais você dormir, melhor irá dormir. No entanto, não recorra a medicamentos para dormir. Novamente, eles viciam e seu corpo desenvolve tolerância rapidamente, deixando-os ineficazes e tóxicos após um ponto!

Técnicas de respiração (iogues e similares) para ajudar a reduzir o pânico

Fazer ioga é uma maneira excelente de gerenciar a ansiedade. A yoga é uma forma de exercício que se ocupa da mente e do copo, ajudando você a melhorar holisticamente. Técnicas de respiração são uma parte prevista da yoga, o que significa que você aprende a se manter calmo enquanto as pratica.

Mesmo em outras situações, ao sentir que você poderia ter um ataque, apenas sente-se e respire: respire em padrões, respire lateralmente, com todo o seu pulmão ao invés de respirações superficiais que não ajudam realmente. Deixe seu diafragma se expandir completamente – quanto mais oxigênio você absorver, melhor para você.

Exercite-se regularmente

O exercício é uma maneira brilhante de trabalhar toda a inquietação extra: a ilusão de movimento distrai você do seu medo e ajuda você a evitar aquele ataque de pânico iminente. O exercício também tem a vantagem adicional das endorfinas – ao se exercitar, as endorfinas, que são químicas do prazer, são liberadas na sua corrente sanguínea. Esse é um dos motivos pelos quais o exercício é aconselhável para quem está deprimido. Você se sente muito mais feliz após treinar bastante. Além disso, exercitar-se cansa você fisicamente ao ponto de você querer dormir, que é definitivamente um objetivo.

Restrinja o consumo de cafeína e álcool e coma saudavelmente

A cafeína e o álcool podem aumentar seu senso de inquietação e ansiedade. Restrinja seu consumo de cafeína para o mínimo possível para ajudar você a superar isso. Ao invés disso, troque para sucos de frutas e vegetais. Coma de maneira mais saudável, reduza o *fast food* e ajude seu corpo a se desintoxicar para que você não sobrecarregue seu sistema com muita porcaria.

Conecte-se com um grupo de apoio, amigos e família

Não tenha medo de pedir ajuda. A ansiedade pode afastar você das pessoas na sua vida. Faça um esforço consciente para estar com amigos e família – mesmo que eles não entendam pelo que você está passando, eles querem ajudar. Apesar da ilusão de que você está completamente sozinho, você está, na verdade, rodeado por gente que o(a) ama. Se necessário, junte-se a um grupo de apoio; em um local onde todos estão vulneráveis, você pode se permitir relaxar e fazer conexões significativas.

Lutando contra a ansiedade pela redução do estresse e treino mental

Você pode mudar a maneira que pensa – isso é o mais maravilhoso na humanidade.

Pratique a metodologia de pensamento racional

Toda a ideologia pense-positivo-sinta-se bem é ótima. Também é muito abstrata e não é fácil de praticar. Ao invés disso, para gerenciar sua ansiedade, tente pensar racionalmente – a ansiedade deriva de medos irracionais, então tente dominá-la com a lógica. Ao sentir-se ansioso(a), foque-se na razão do seu medo ser irracional e saia dele com ideias racionais adequadas.

Mantenha um Diário de Estresse

Se você puder analisar seus pensamentos para identificar que coisas deixam você mais ansioso(a), você poderá facilmente superar isso! Por uma semana, toda vez que você sentir que um ataque está se aproximando, ou quando você estiver ansioso sem motivo, peque seu Diário de Estresse e anote os pensamentos que está tendo.

Ao final da semana, sente-se e analise seus padrões de pensamento – você irá descobrir que você tem gatilhos muito específicos que incitam seus pensamentos de ansiedade. Muitas vezes, a ansiedade deriva de dentro de você. Não é o ambiente externo que fornece o gatilho, mas uma única ideia repetitiva, constante que deixa você inquieto(a) e ansioso(a). Descubra qual é essa ideia e então aborde-a, ao invés de evitá-la ou ignorá-la – apenas aí você poderá seguir adiante.

Elogie-se e recompense-se com frequência

A melhor maneira de lutar contra a ansiedade é fazer coisas que façam com que você se sinta bem. Um dos motivos pelos quais a terapia de exposição funciona é porque ela constrói autoconfiança. Você encara seu medo, você o vence e, portanto, melhora sua percepção de si. Similarmente, você deve reconhecer conscientemente o fato de que você está fazendo coisas boas.

Não diminua nenhuma de suas próprias ações. Se você conseguiu sair em público e encontrar amigos hoje apesar de ter ansiedade social severa, elogie-se e recompense-se com algo que deixe você feliz.

Faça coisas que façam com que você se sinta melhor – deitar-se na cama para evitar ataques de pânico pode soar maravilhoso, mas isso somente adia o problema por mais um dia e, na verdade, piora sua ansiedade. Ao invés disso, vista-se, tome um banho e tome um café da manhã saudável. Saia para caminhar pelo quarteirão no ar fresco, respire profundamente e lembre-se de que você ainda está aqui, ainda está sentindo o mundo ao seu redor e você merece superar isso.

Acima de tudo, treinar-se mentalmente significa simplesmente ser gentil consigo mesmo da mesma maneira que você seria gentil com um amigo ou familiar. Não é fácil lutar contra a ansiedade, mas é possível – você apenas tem que vencer o dia de hoje. Trabalhe com o que você tem e aprenda a aceitar sua própria percepção de si mesmo(a). Tudo bem ter problemas, tudo bem não ser perfeitamente saudável e um transtorno mental não significa uma ala psiquiátrica assombrada em um hospício – o transtorno é real como tuberculose ou uma gripe, pode ser tratado e trazer sua vida de volta ao controle!

Conclusão

Transtornos de ansiedade são dissimulados. Você frequentemente os rejeita por ser algo a ignorar ou pequeno, até que eles lentamente crescem até o ponto onde você não consegue mais funcionar adequadamente. Você também poderá voltar ao estado que estava se não for vigilante – o truque é ter consciência da sua autopercepção e do seu corpo e entender que sua mente e corpo estão conectados um ao outro. Quando um sofre, o outro reage – essa é a verdade mais observável que vemos em pessoas que tem ansiedade.

Mas a ansiedade pode ser tratada! Sua vida pode ser sua novamente. Tudo o que você tem que fazer é dar o primeiro passo e tentar. Não tenha medo de procurar ajuda: seus amigos, família e médicos estão aqui para ajudar você a melhorar. Terapia funciona, mas para ampliá-la, você precisa fazer mudanças no estilo de vida e aprender a ser gentil consigo mesmo. O autocuidado é a melhor maneira de gerenciar a ansiedade.

Parte 2

Introdução

Parabéns pela compra de *Distúrbio de Ansiedade Generalizada: Um guia simples e facilmente adaptável para aliviar oDistúrbio de Ansiedade Generalizada naturalmente.* Se você comprou esse livro, provavelmente você tem curiosidade sobre os sinais, sintomas e mudanças no modo de vida em relação aoDistúrbio de Ansiedade Generalizada. Talvez você não tenha certeza se tem esse distúrbio, ou talvez tenha sido diagnosticado(a) recentemente e esteja procurando por materiais que te ajudem a lidar com essa nova direção recém-descoberta que sua vida tomou. Se você quer ser educado(a) sobre os sinais, estatísticas, sintomas e formas naturais de aliviar a ansiedade generalizada da sua vida, você veio ao lugar certo.

Antes de qualquer coisa, entenda que você não está só. Mais de 6 milhões de adultos nos Estados Unidos foram identificados como portadores do D.A.G. atualmente, e ele é normalmente categorizado como uma preocupação persistente e excessiva com as coisas que ocorrem e com a vida à sua volta. Há várias coisas diferentes que podem dar início a episódios do D.A.G., e para alguns, a mera ideia de superar o dia pode ser inquietante o suficiente para trazer à tona episódios de reclusividade e preocupação. Pessoas que precisam encontrar formas de lidar com o D.A.G. acham muito difícil, às vezes até impossível, controlar suas preocupações, e podem se preocupar mais do que o necessário com coisas quemerecem atenção.

As pessoas que sofrem com esse distúrbio sentem uma quantidade crescente de ansiedade causada pela preocupação, e às vezes alguém pode acabar se preocupando com o "pior dos casos" mesmo que não hajam evidências substanciais em questão que justifiquem esse nível de preocupação. Indivíduos que sofrem com esse distúrbio também preveem possíveis cenários negativos mais do que os outros, e normalmente controlam em excesso coisas como o dinheiro, o trabalho e dramas familiares.

O D.A.G. é normalmente diagnosticado quando se prova, através de consultas agendadas com um médico, de que a preocupação que o indivíduo sente não só é frequente como também difícil de controlar. Depois que um padrão é estabelecido com o médico, um diagnóstico é dado e intervenções médicas são testadas.

No entanto, remédios nem sempre são necessários para ajudar a aliviar a preocupação e ansiedade excessivas.

Dentro das páginas deste livro, você encontrará várias estatísticas que auxiliam em mostrar que você não está só, além de várias técnicas naturais que você pode utilizar para te ajudarem a abater a ansiedade e as preocupações. Ao contrário do que diz a crença popular, a ansiedade pode ser curada quando estes tipos de intervenções são aplicados em longo termo, e podem até mesmo eliminar a necessidade de medicação para aqueles diagnosticados anteriormente com D.A.G., além da menor necessidade de visitas médicas frequentes.

As respostas encontradas neste livro não permitirão somente que você viva uma vida livre das correntes da sua preocupação e ansiedade. Elas também te ajudarão a entender se seus sintomas de preocupação e ansiedade merecem uma consulta ao médico. Esta é uma distinção importante, no entanto: este livro não aprova o uso destas práticas sem que primeiro se consulte um médico. Há muitas outras causas que devem ser consideradas e analisadas antes do diagnóstico de D.A.G., e seu médico deve sempre estar a par das táticas que você está utilizando para reduzir e controlar suas preocupações e ansiedades.

A informação encontrada neste livro não só te ajudará a encontrar formas alternativas de tratar sua ansiedade como também ajudará a saber se você precisa ou não de um médico para tratar as ansiedades e preocupações que você já sente. Este livro não é somente para aqueles que já foram diagnosticados... É também para aqueles que sentem que há algo errado com suas preocupações e ansiedades, mas ainda não querem marcar uma consulta com o médico.

Eu posso prometer que este livro não só te trará paz de espírito como também trará um pedaço de sua vida de volta. Seja na forma de claridade e fortalecimento da confiança ao falar com um profissional ou conseguindo te livrar das dúzias de caixas de remédio em troca de algo mais substancial e sustentável. Este livro te ajudará a navegar por estas áreas da sua vida para providenciar as respostas que você busca.

Por favor, se você ainda não comprou este livro, eu te encorajo a fazê-lo. O livro não é somente cheio de sugestões de autoajuda, o livro é cheio de estatísticas e informações fundamentadas que podem ajudar a iluminar uma jornada obscura que você tem trilhado.

Não espere. Ligue essa lanterna e comece a olhar à sua volta. O D.A.G. e os problemas em torno dele podem ser difíceis de lidar, e mais difíceis ainda de se admitir sem um diagnóstico oficial. Se ir ao médico te deixa ansioso(a), então entenda que fazer esta visita por conta da ansiedade não é diferente de visitá-lo por conta de uma sinusite ou uma gripe forte. A mente é tão importante quanto o corpo, e médicos tratam de todas as áreas do corpo, não só as físicas. Eles não estão lá para te rotular, estão lá para te ajudar. Sua ansiedade está produzindo sintomas físicos que devem ser avaliados, e não há nada de errado com isso.

Este livro não mostrará apenas que você não está só, também te mostrará como gerenciar as coisas por conta própria, independentemente de quantos remédios queiram jogar na sua direção.

Capítulo Um

No que consiste o D.A.G.

Este livro fornece dicas simples e práticas para reduzir drasticamente a ansiedade contra a qual você trava uma batalha. As sensações inquietantes que tomam o corpo quando preocupações e ansiedade começam a aflorar podem fazer parecer que você está afundando em um oceano, quando na realidade só está dando um gole em um copo d'água. Isso pode dificultar que se passe por um simples dia. E, para alguns, a mera ideia de passar por um dia já é penosa o suficiente.

No entanto, há muitas coisas que precisam ser averiguadas para que se indique se o D.A.G. é algo com que você deva se preocupar ou se há outra causa oculta para o que você está sentindo.

As causas potenciais para o D.A.G. são:

- Um histórico familiar de ansiedade;

- Um histórico familiar de outras desordens de origem genética ou psicológica;
- Exposição recente (ou prolongada) a um evento traumático ou estresse, como turbulências familiares ou até mesmo uma doença física;
- Abuso infantil;
- O consumo excessivo de álcool e/ou tabaco, que podem exacerbar os sintomas de ansiedade;
- Abuso recente e traumático;
- Transtorno de estresse pós-traumático (TEPT);
- Abandono (ou sentimentos equivalentes);
- O sofrimento de uma grande perda, como uma morte na família ou de um(a) amigo(a) próximo(a).

Apesar de esta ser uma lista detalhada das causas mais comuns do D.A.G., ela não sumariza toda a rede de coisas que podem causar o surgimento desse distúrbio baseado na ansiedade. Se você não vê nenhuma das suas causas nesta lista, isso não significa automaticamente que você não sofre com oDistúrbio da Ansiedade Generalizada. Então, vamos dar uma olhada na lista de sintomas que acompanham estes episódios:

Os sintomas do D.A.G. incluem:

- Dificuldade para dormir;
- Dificuldade de concentração;
- Fadiga e/ou exaustão;
- Irritabilidade incontrolável;
- Dores estomacais recorrentes e/ou períodos de diarreia;
- Tensão muscular;
- Suor excessivo nas palmas da mão;
- Tremedeira;
- Batimento cardíaco acelerado;
- Formigamento ou dormência em diferentes partes do corpo;
- Perspiração na testa ou na nuca;
- Falta de visão periférica;
- Boca seca;
- Inquietude;

- Uma visão irrealista dos problemas;
- Dificuldade para dormir sem interrupções;
- Assustar-se facilmente.

Mais uma vez, esta lista de sintomas, embora detalhada, nem começa a descrever toda a gama de sintomas existentes que podem ser sentidos por indivíduos que lidam com ataques de preocupação, pânico e ansiedade. Esta lista é apenas uma compilação dos sintomas mais comuns identificados por estes indivíduos, e sintomas que os médicos já presenciaram em primeira mão.

Mas... talvez você tenha comprado este guia porque não tem certeza se está passando por períodos de ansiedade ou preocupação excessivos. Talvez você esteja procurando por alguém que te diga exatamente o que acontece quando estes ataques ocorrem. Bem, se é por isso que você procura, então você veio ao lugar certo.

Quando alguém passa por um ataque de D.A.G., isso normalmente envolve:

- Uma onda de pânico insuportável;
- Sensação de perda de controle (ou de se estar ficando louco(a));
- Sensação de que vai desmaiar;
- Um aumento repentino da frequência cardíaca;
- Hiperventilação;
- Agitação ou tremedeira;
- Lágrimas involuntárias.
- Sensação de desconexão, ou como se o mundo à sua volta não fosse real;
- Um sentimento insuportável de medo;
- Aumento ou diminuição repentina da temperatura do corpo;
- Náusea ou cãibras estomacais;
- A incapacidade de controlar os pensamentos.

É importante sempre ter em mente que estas listas são apenas dos sintomas mais comuns e de episódios documentadosde um ataque de D.A.G. Não são nem o começo de uma lista de todos os sintomas identificados até hoje que as pessoas que passaram por esses ataques já sentiram. E pode ser algo muito assustador, especialmente se você não compreender o que está acontecendo. Mas o D.A.G. não está somente limitado aos adultos, também pode ocorrer em crianças, especialmente se o problema é consequência do balanço químico cerebral. Muitos estudos mostraram que há certos genes no DNA humano que tornam as pessoas mais suscetíveis a desenvolver este tipo de distúrbio e seus similares (como o TEPT e outras desordens de pânico), o que significa que crianças também estão sujeitas a serem diagnosticadas.

Se você se preocupa com seu(sua) filho(a), há algumas coisas que você pode observar que poderão indicar que a criança está prestes a desenvolver o D.A.G.:

- Perfeccionismo, que geralmente vem acompanhado de

autocríticas excessivas e um medo irracional de cometer erros;

- Caso se identifique com a "crença" de que o infortúnio é contagiante, e que em algum momento acontecerá também com ela;
- O sentimento generalizado de que qualquer desastre que ocorrer na vida é culpa dela, e que ela é, de alguma forma, o motivo para tudo "estar ruindo" (como a mentalidade que surge em algumas crianças que testemunham divórcios);
- A necessidade constante de reafirmações frequentes e aprovação para que se sinta segura com sua própria autoconfiança.

Se seu(sua) filho(a) possui qualquer um destes sintomas, vale a pena conversar com um médico sobre isso. Quanto mais cedo houver um diagnóstico, mais rapidamente você poderá ajudar a criança a lidar com isso.

Mas este padrão não é só para crianças. Se você é um(a) adulto(a) e sente algum dos sintomas acima, quanto mais rápido você obtiver um diagnóstico, mais rápido poderá ajudar a si mesmo(a) quanto ao controle desta realidade.

Há muitas coisas que as pessoas que sofrem com o D.A.G. precisam, mas a maior delas é apoio. A interação social com pessoas que realmente se importam com você enquanto você passa por isso é o maior suporte para fomentar sua força, coragem e perseverança pessoal que existe. Da mesma forma, você precisa escolher uma pessoa com quem você possa contar para falar sobre essas questões e episódios, sem que te digam que você é "menos que" ou "um fardo"... porque você não é.

Portanto, é imperativo que alguém que sofra com D.A.G. se livre de quaisquer relacionamentos nocivos que tiver à sua volta. Relacionamentos que não são saudáveis e os padrões que eles estabelecem não farão nada além de aumentar seu mundo de preocupações e ansiedade quanto às inseguranças que você tem nesse relacionamento. Faça esta pergunta a si mesmo(a): a pessoa com quem você tem esse relacionamento se afasta em momentos aleatórios e te faz sentir falta da presença dela? Ela te testa intencionalmente? Ela faz acusações abrangentes para te chatear ou te acorrentar a algum tipo de culpa não identificável? É desnecessariamente grudenta? Se qualquer uma dessas características estiver presente nos relacionamentos que você tem com outras pessoas, vale a pena pesar qual tipo de atmosfera positiva eles trazem para sua vida. Todos têm suas falhas e imperfeições, mas aqueles que lidam com D.A.G. não podem arriscar manter relacionamentos tóxicos.

Se alguém com quem você se importa se encaixa na categoria que estas perguntas enfatizam e essa pessoa não traz nada de substancialmente positivo na sua vida, então é hora de deixá-la de lado.

Isso permitirá que você construa um sistema de apoio forte, algo vital para alguém que vive e lida com o D.A.G. Os seres humanos são criaturas naturalmente sociais, e é por isso que aqueles que sofrem com o D.A.G. também costumam batalhar contra a bipolaridade e a depressão; porque, às vezes, o D.A.G. impede que essas pessoas façam o que seus corpos são naturalmente programados para fazer. Os seres humanos não foram feitos para viverem solados, mas o D.A.G. pode fazer com que você se sinta assim. Se você conseguir criar um sistema de apoio forte, isso ajudará com essa necessidade de isolamento, porque você terá se cercado de indivíduos que querem te levar para cima e a fazer o seu melhor.

Não subestime os benefícios de estar cercado(a) de pessoas que você sabe que pode confiar. Não só elas te ajudarão a dar a volta por cima em momentos que você estiver mais precisando, mas também estarão lá para conversar quando você sentir que está se perdendodo caminho certo. Depois que você souber reconhecer os sintomas de que a pressão à sua volta está maior do que dá para suportar, será possível contar com esse recurso pessoal, algo que te ajudará a superar um momento difícil na sua vida.

Essas pessoas poderão te ajudar a conversar sobre o assunto e identificar o que exatamente trouxe o D.A.G. à tona. Isso te ajudará a estabelecer uma lista do que você deve evitar na vida para que não traga para si estes episódios. Todo episódio de ansiedade e preocupação tem um ponto de origem que invade a sua mente e te leva ao lado obscuro do ataque, e às vezes, simplesmente não conseguimos ver qual foi este ponto sozinhos. Ter uma rede de apoio para conversar pode ajudar a identificar estes pontos para que alguém que sofre com D.A.G. possa evitá-los mais facilmente, reduzindo a quantidade de episódios que ocorrem.

No entanto, não se apresse em diagnosticar a si mesmo(a) sozinho(a). Ir à um médico para que ele possa fazer certos exames é essencial para o seu diagnóstico. Há muitas outras coisas que podem causar ataques de pânico e de ansiedade, além de problemas relacionados ao pânico que não estão associados ao diagnóstico do D.A.G., e seu médico irá querer precisarconsultá-lo(a) para identificar o que está havendo.

Capítulo Dois
Agora, para o seu Check-up

Para que seu médico diagnostique o D.A.G. oficialmente, ele primeiro irá conduzir um exame físico geral. Ele procurará por sinais de que a ansiedade e preocupação que você sente não estão ligadas a nenhuma outra condição física e/ou mental. Ele pedirá por exames de sangue e de urina, talvez até outros se sentir que uma condição médica é a responsável pela ansiedade que você está sentindo. Ele também fará perguntas detalhadas sobre seu histórico médico e sobre os seus sintomas, então se certifique de ser o mais sincero(a) possível com o seu médico. Isso o ajudará a determinar se isso tudo é algo que precisa ser diagnosticado ou se é algo que requer mais testes para ser determinado. Então, se necessário, o médico utilizará um questionário psicológico para ajudar na determinação de um diagnóstico.

Muitos médicos usam o Manual Diagnóstico e Estatístico de Distúrbios Mentais para auxiliá-los no diagnóstico de um indivíduo. Isso não significa que eles não sabem o que estão fazendo, e nem que você está "louco(a)." Se seu médico precisa disso para ajudar em um diagnóstico, significa simplesmente que está sendo cuidadoso para eliminar qualquer outra coisa que possa estar causando seus sintomas antes de dar o diagnóstico de D.A.G.

Por quê? Porque se um indivíduo for diagnosticado erroneamente e for receitado com o remédio errado, isso pode ter efeitos colaterais negativos para a qualidade de vida do indivíduo. Além disso, a análise ajuda a provar para convênios de saúde que as questões médicas se evidenciam por conta da ansiedade e preocupações do indivíduo, o que levará o convênio a cobrir e/ou reembolsar o mesmo pelos tratamentos.

Não se alarme se seu médico receitar um reforço vitamínico a ser tomado regularmente se você já tiver um diagnóstico de D.A.G., porque muitas vitaminas podem ajudar a reduzir os sintomas físicos sentidos por aqueles que lidam diariamente com odistúrbio.

Depois que um indivíduo é diagnosticado com D.A.G., é normalmente recomendado que se visite um psicólogo ou psiquiatra. Não é algo com que você deva se preocupar, é uma precaução, pois o D.A.G. normalmente vem acompanhado de outra questão mental que precisa ser avaliada. Muitas pessoas que sofrem com o D.A.G. também sofrem com depressão, mas outras coisas que podem surgir por conta do D.A.G. são fobias, outros distúrbios de pânico, TEPT e sentimentos de desconexão com a realidade, que precisam ser acompanhados por um profissional.

Outra coisa que pode causar ansiedades e preocupações desta magnitude em um indivíduo são as deficiências vitamínicas. Se o corpo humano está precisando de mais vitamina B, magnésio, triptofano, vitamina D e/ou cálcio, podem surgir sentimentos de preocupação e ansiedade por conta do efeito imediato que estas vitaminas causam quando não estão disponíveis.

Por exemplo, se falta cálcio no corpo, o sistema nervoso sofrerá, porque o cálcio é uma das maiores forças motrizes por trás do equilíbrio do sistema nervoso. O problema? Uma das funções principais do sistema nervoso é balancear corretamente os impulsos químicos dentro do cérebro que controlam os estados emocionais. Alguns sintomas físicos da deficiência de cálcio também imitam distúrbios de pânico, como a tremedeira, palpitações cardíacas e formigamento nas extremidades do corpo.

Outro exemplo: se o corpo está deficiente em vitamina B, o corpo pode começar a passar por uma desaceleração do sistema nervoso, o que contribui para a exaustão. Essa exaustão, se continuar ocorrendo, pode criar uma paranoia induzida pela fadiga, algo que se parece muito com a ansiedade. No entanto, os complexos B também são uma vitamina que um médico pode recomendar para alguém diagnosticado, porque alguns estudos mostraram que essa vitamina ajuda efetivamente com impulsos obsessivos.

O magnésio é outra das vitaminas que um médico pode recomendar para um indivíduo que foi diagnosticado com D.A.G. Se o magnésio estiver em falta no corpo, mais de 300 reações bioquímicas que regulam hormônios e o estresse são afetadas. Mas se for ingerido para ajudar com o D.A.G., estudos científicos provam que o magnésio pode auxiliar no tratamento de fortes efeitos colaterais da depressão e da ansiedade. O magnésio é a deficiência vitamínica mais comum no mundo, porque ele é muito necessário para milhares de comunicações corporais e funções diárias. Ainda assim, 75% das pessoas no mundo sofrem dessa deficiência. Mesmo se seu médico não recomendar um aumento da ingestão de magnésio, converse com ele sobre o assunto.

Triptofano, como mencionado acima, é o aminoácido número um entre as recomendações nas lojas para regular e ajudar com o estresse e a ansiedade. Quando esse aminoácido essencial é ingerido, ele passa por várias etapas de conversão antes de chegar à forma final... que é a serotonina. Se você não sabe o que é isso, é aquele hormônio dos "sentimentos bons" que é desregulado em muitas pessoas que sofrem com preocupações, depressão e ansiedades. Além disso, a serotonina ajuda a regular o sono, o humor e o apetite. Quando há deficiência dela, o humor fica desequilibrado, dormir fica mais difícil e, às vezes, o apetite pode desaparecer ou nunca ir embora. Esta é uma das primeiras deficiências que os médicos verificam ao receitar vitaminas, porque há grandes consequências caso o triptofano seja o que está faltando.

Não se alarme se seu médico pedir que você compre vitaminas para preencher estas lacunas antes de voltar para a próxima consulta. Às vezes, para um diagnóstico de D.A.G., só ë necessário que sejam excluídas todas as outras possibilidades. Ele não está tentando te mandar embora ou ignorar seus problemas, ele só está dando um passo de cada vez para garantir um diagnóstico correto antes que vocês se sentem para definirem qual será o próximo passo para lidar com a situação.

Se a ideia de ir ao médico ainda causar certo pânico, há algumas coisas que você pode fazer para se preparar para a consulta. Você não pode receber um diagnóstico oficial sem ir a algumas consultas, mas há algumas coisas que você mesmo(a) pode fazer para te ajudarem a se sentir menos intimidado(a) por tudo que está acontecendo.

A primeira coisa é fazer listas. Escreva os sintomas que você sente, os pontos de origem dos seus ataques (caso sejam identificáveis), quaisquer problemas de saúde que você tenha atualmente, as medicações que você já toma, familiares que estejam lidando com problemas de saúde similares e perguntas que você possa ter logo de cara para o seu médico. Isso ajudará a manter a consulta objetiva, e dará ao seu médico as informações mais precisas e valiosas para te ajudar a evoluir nesta jornada.

Se você não sabe o que perguntar, aqui vão algumas perguntas para começar:

- Quais exames eu terei que fazer?
- Quais são as coisas que podem estar causando meus sintomas?
- Há algum material impresso que eu possa levar para a consulta?
- Será necessária alguma medicação? Há outros caminhos?
- Precisarei me consultar com um psicólogo ou psiquiatra?
- Meu histórico familiar tem algo a ver com isso?

Esses tipos de perguntas não só permitirão que você obtenha informações precisas relacionadas ao seu caso, mas também darão ao médico uma ideia básica do que é importante para você neste processo. O que você pergunta a ele é tão importante quanto o que você não pergunta, e se você for despreparado(a), a consulta será desconjuntada, sem um foco específico e o médico poderá supor que as coisas não são tão sérias quanto você diz.

Essas listas vão te ajudar a ficar inteirado(a) do que você está sentindo, o que causa esses sentimentos, e também darão ao médico a visão mais aproximada possível dos seus episódios, o que o ajudará a eliminar possíveis diagnósticos e causas muito mais facilmente.

Depois que seu médico tiver feito os primeiros exames, analisado o seu caso passo-a-passo para eliminar todos os outros caminhos possíveis para sua ansiedade e avaliado seu histórico familiar, será a hora de falar do tratamento. Infelizmente, muitos médicos recorrem de cara para remédios e antidepressivos que ajudam a lidar com esses distúrbios, e os remédios frequentemente têm efeitos colaterais fortes que diminuem ainda mais a qualidade de vida. Alguns recomendarão um caminho chamado "psicoterapia", onde a medicação é determinada por um psiquiatra que se senta com você regularmente e conversa com você sobre sua vida, seu estado mental atual e seu passado.

No entanto, a ansiedade pode ser controlada pessoalmente com dicas fáceis de seguir que você verá no próximo capítulo. Do consumo de água a caminhadas diárias, essas dicas são ações naturais que podem ser controladas pelo indivíduo, e às vezes este elemento de controle ajuda a acabar com sintomas de ansiedade e preocupação. Tenha em mente que há muitas coisas que um indivíduo pode fazer para lidar com a ansiedade e dissipar episódios depressivos, mas as dicas a seguir são alicerçadas em estudos científicos que foram analisados minuciosamente por muitos pesquisadores e médicos capazes e proeminentes.

Capítulo Três
Então, você tem D.A.G.?

Quando se trata do controle da ansiedade, os médicos usam dois tipos básicos de tratamento: psicoterapia e medicação. 19 milhões de adultos somente nos Estados Unidos lidam com algum tipo de distúrbio de ansiedade diagnosticado, e as medicações ofuscam em grande parte a possibilidade de buscar outras formas de ajuda, ou até mesmo empregar táticas que o paciente possa gerenciar e ajustar como necessário. Medicações prescritas podem ser a forma mais rápida de tratar dos distúrbios de ansiedade, mas elas vêm com uma vasta gama de efeitos colaterais e consequências. Algumas medicações que tratam os distúrbios de ansiedade têm algumas das taxas de dependência mais altas do mercado, e tem-se o conhecimento que sedativos são os mais viciantes. Alguns dos efeitos colaterais que podem vir acompanhados de antidepressivos que podem ser prescritos pelos médicos são coisas como: ganho de peso, apetite sexual reduzido e problemas estomacais.

Estes são os tipos de efeitos colaterais que trazem à tona estados preocupantes em pessoas com D.A.G. mesmo de início, então estas medicações normalmente acabam fazendo mais mal do que bem no longo termo, embora as consequências de curto período ajudem com questões relacionadas aos distúrbios de ansiedade. Foram feitas muitas pesquisas que mostram que os remédios, sozinhos, não são substanciais o suficiente para um tratamento de longo termo para aqueles que sofrem e lidam com distúrbios de ansiedade, e deveriam ser combinados com psicoterapia, regimes vitamínicos e outras táticas que o paciente pode empresar em casa.

Dentro do mundo da psicoterapia, há dois caminhos comuns utilizados pelos especialistas: terapia cognitiva e terapia comportamental. No cenário da terapia cognitiva, o terapeuta ajuda o paciente em questão a adaptar seus padrões de pensamento que trazem à tona a ansiedade para outros mais adequados. Por exemplo, o terapeuta pode apontar o fato de que locais muito cheios desencadeiam uma crise, e ele começará a abordar o cenário com mecanismos de defesa que o paciente pode colocar em prática quando colocado neste cenário, para que ele possa evitar o sentimento de pânico. Já na terapia comportamental, o terapeuta ajuda o paciente a batalhar contra esses comportamentos indesejáveis que atrapalham a cabeça por conta da ansiedade. Por exemplo, o terapeuta irá guiar o paciente através do relaxamento e de técnicas de respiração profunda que ele poderá utilizar sempre que começar a hiperventilar ou tremer por conta do estado de pânico já induzido.

Uma das melhores coisas que alguém com D.A.G. pode ter é um sistema de apoio forte. Por isso enfatizamos mais cedo a importância de se livrar de relacionamentos tóxicos na sua vida. As pessoas com quem você se cerca sempre irão afetar como você vê o mundo, como pensa sobe a vida, e como se sente sobre si mesmo(a). Se você estiver cercado(a) de pessoas que veem a vida de forma positiva, isso te ajudará a cultivar seu próprio otimismo. No entanto, se você é constantemente bombardeado(a) por indivíduos que veem os lados ruins da vida e ignoram os lados bons, você sentirá isso pesando mais nos seus ombros, e é algo que poderá desencadear episódios induzidos pela preocupação com mais frequência.

No entanto, além disso, há outras coisas que um indivíduo pode fazer que o ajudam a lidar com o D.A.G. por um longo período de tempo. Uma delas é cumprir seu plano de tratamento. No começo, coisas diferentes serão experimentadas para se encontrar a combinação que funciona para você. Sempre que você encontrar aquela combinação perfeita, continue seguindo-a. Mantenha suas consultas com um terapeuta como parte do plano, e entenda a importância da consistência. Quando alguém está tentando perder peso e começa uma nova dieta, a dieta funciona se a pessoa tenta por dois meses e para? O que acontece?

Bem, se a pessoa perdeu qualquer peso, ela provavelmente o ganhará de novo. Essa é a definição da "dieta ioiô".

Não faça uma "dieta ioiô" com seu distúrbio de ansiedade. Se você precisar de quatro meses para achar aquela combinação perfeita, mas só mantiver essa combinação por um mês, quando voltar aos seus antigos costumes você perderá o progresso que já tiver feito. Isso é prejudicial à sua saúde mental e pode levar a ataques mais severos de pânico e ansiedade, dependendo de como você escolher lidar com os cenários.

Outra coisa que ajuda muitas pessoas é entrar em um grupo de apoio para ansiedade. Em grupos como esses, assim como em qualquer grupo pequeno, você poderá encontrar compaixão e compreensão com a sua situação. As pessoas compartilharão histórias que podem ajudar a acalmar sua mente quanto a estar sozinho(a) nas suas dificuldades, e isso pode te ajudar a encontrar pessoas com quem você poderá contar para trazer aspectos benéficos (e com que você pode se identificar) à sua vida. Se estar no meio de muita gente for um ponto desencadeador da sua ansiedade, começar com um grupo pequeno como esse também pode ser um mecanismo de defesa: você pode ser mais sociável com aqueles que te entendem sem ficar completamente cercado(a) de pessoas que não conhece.

Algo que é incrivelmente importante para este processo é a ideia de quebrar um ciclo. O bicho-papão para muitas pessoas que têm dificuldades com a ansiedade é que estão presas às suas rotinas, e é essa rotina básica que incorpora coisas que desencadeiam os momentos de ansiedade. Portanto, é de suma importância que você procure formas de quebrar esse ciclo. Se você começar a se sentir ansioso(a) com algo, pare e pense sobre o que acabou de acontecer. Se for difícil pensar, vá para um lugar aberto e dê uma caminhada. Respire fundo algumas vezes. Às vezes, o simples fato de se estar em um quarto pequeno pode induzir à ansiedade. Se você não quebrar o ciclo em que se encontra, talvez você nunca consiga identificar tópicos e situações de que precisa se desvencilhar.

Quebrar o ciclo te ajudará a identificar melhor pontos que desencadeiam a ansiedade, o que te ajudará a lidar com o D.A.G. por um longo período de tempo.

Outra coisa que muitas pessoas não gostam é da ideia de socializar. O maior gatilho de 15% dos adultos que lidam com distúrbios de ansiedade no mundo é a ideia da socialização. E, para muitos, uma experiência pela qual já passaram faz desse gatilho algo compreensível. É por isso que a promoção de pequenos momentos de socialização é imperativa. Para uma mente ansiosa, estar em um lugar fechado, sozinho(a) pode ser prejudicial, mesmo que o indivíduo acredite que está evitando gatilhos. Alguns chegam até ao ponto de cortar laços com melhores amigos e membros da família. Agora, se você cortou esses laços porque não são saudáveis, então parabenizo sua força e perseverança. No entanto, se você os cortou porque está evitando um possível gatilho com a socialização, então essa não é a melhor coisa a se fazer. Essas pessoas que você ama e cortou da sua vida podem ser pessoas que te oferecerão apoio quando você precisar conversar, e se isolar delas pode ser ainda mais prejudicial.

Se a socialização for um gatilho, encontre formas de evitar áreas de muito tráfego: vá ao supermercado bem cedo na manhã ou tarde da noite para evitar as multidões; almoce uma hora antes para evitar o movimento do horário usual; viaje no meio da semana para passear, assim evitando os períodos de pico que te deixariam ansioso(a); e marque suas consultas em horários pouco requisitados. Isso te coloca em volta das pessoas sem te imergir na multidão, e pode ser uma ferramenta para lidar com o problema sem que você se isole completamente.

No entanto, a coisa mais importante que você pode fazer é agir. Converse com seu médico ao invés de simplesmente esperar que ele te instrua. Mantenha um diário de sentimentos, ataques e gatilhos para que você possa sempre atualizar o seu médico de forma precisa. Mantenha uma lista de efeitos colaterais caso esteja tomando algum remédio, para que o médico possa ajustar de acordo com o necessário. Encontre alguém que te entende e cuidem um do outro. Ser proativo com o D.A.G. ajudará a lidar com o problema em um longo período de tempo, e pode melhorar muito a qualidade de vida que você terá vivendo com um distúrbio de ansiedade.

Mas essas não são as únicas coisas que você pode empregar na sua jornada para lidar e cuidar do D.A.G. Há muitas coisas diferentes que você pode fazer no conforto da sua casa que não só ajudam em longo termo, mas também são coisas que você mesmo(a) pode ajustar para encontrar o melhor equilíbrio para você. Tenha em mente que o seu médico deve sempre saber os tipos de técnicas que você está empregando, mas as próximas dicas te ajudarão a cuidar naturalmente da sua ansiedade.

Tire o foco de si mesmo(a)

Por exemplo, se você gosta de cozinhar, use isso como um mecanismo de defesa para quando começar a se sentir ansioso(a). Se tiver um esporte que você gosta, entre em um time e jogue. Substituir essa sensação de ansiedade com pensamentos e atividades que você gosta de fazer ajudará a te tirar de um cenário de pânico.

Foque em pequenas vitórias e celebre-as

Por exemplo, se você passou pelo seu primeiro dia sem ter um ataque de pânico, então comemore! Tome seu sorvete favorito ou prepare o seu jantar predileto. Se você sair e socializar sem entrar em pânico pela primeira vez, comemore! Essas pequenas conquistas não só valem a celebração, como também a própria celebração pode te encorajar no objetivo de melhorar sua qualidade de vida.

Engaje-secom atividades divertidas

Assista a um filme engraçado, ou vá assistir ao show de um comediante. O humor e as risadas promovem naturalmente a produção de serotonina, que não só ajuda o corpo a se sentir melhor, mas também produz uma sensação natural de calma.

Coma coisas saudáveis

Há muitas comidas que são fáceis de se obter que comprovadamente reduzem os níveis de ansiedade. Comidas como aspargo, laranja, amêndoas, frutos, abacate, salmão e espinafre são todos ricos em coisas como ácido fólico e folato, que são duas vitaminas muito importantes no controle da ansiedade. Você pode encontrar essas coisas em qualquer supermercado e sacolão, e vale a pena inclui-las em sua dieta regularmente para ajudar a controlar o pânico e a ansiedade naturalmente.

Já do outro lado, há certas comidas que promovem estados de ansiedade, como cafeína, excesso de açúcar, álcool e carnes altamente processadas, como a salsicha. Todas têm a habilidade não só de promover estados de ansiedade e pânico, como também piorá-los quando acontecem.

Saia e ofereça ajuda

Seja investindo tempo em uma caridade ou sendo voluntário(a) em algum lugar, ajudar aqueles à sua volta que talvez não consigam cuidar de si mesmos pode te trazer um sentimento de propósito, que por sua vez pode aliviar naturalmente estados mentais ansiosos e estressados.

Durma!

A privação do sono pode causar uma queda no ritmo metabólico, o que pode levar ao ganho de peso. Ela pode destruir o sistema imunológico, e também aumentar a chance de problemas cardíacos. Se isso não fosse o suficiente, a exaustão que vem acompanhada da falta de sono pode induzir à sensação de paranoia, que desencadeia ataques de ansiedade. Dormir bem não só permite ao corpo tempo necessário para se recuperar do dia anterior, mas também ajuda o cérebro a regular suas reações químicas. Durma tempo o suficiente para ajudar a evitar estados de pânico.

Beba ao menos 2 L de água por dia

A água não só ajuda a remover toxinas do corpo, como também ajuda a manter o corpo hidratado. O cérebro requer uma quantidade expressiva de água para operar diariamente, e se você desidratar o seu corpo, arriscará a inibição do equilíbrio das reações químicas do seu corpo. Além disso, a desidratação pode afetar permanentemente outros órgãos internos. Se você quer o seu corpo o mais saudável possível, você precisa cuidar de todos os aspectos da sua saúde. Mantenha-se hidratado(a) para ajudar a balancear os processos químicos e hormonais, assim como para se livrar de toxinas prejudiciais no seu corpo que podem promover seus estados de ansiedade.

Vista-se de forma confiante

O cuidado consigo mesmo(a) é um dos maiores componentes na luta contra a ansiedade. Não tenha orgulho da sua aparência porque a sociedade espera isso de você, tenha orgulho da sua aparência porque você se sente melhor com isso. Se você gosta de pedicures, vá fazer uma! Se você gosta de usar saias esvoaçantes, compre algumas que fiquem bem em você! Isso não só pode servir como um mecanismo de recompensa, como também pode aumentar sua autoestima, o que ajudará com sua atitude no dia-a-dia.

Tire folgas regulares do trabalho

A vida é essencialmente estressante: muitas vezes trabalhamos horas extras sem receber a mais, e muitas pessoas estão sob pressão constante, com medo de perder seus empregos. É por isso que é tão importante tirar folgas regulares: o tempo longe do trabalho pode ajudar a relaxar a mente e tirar o corpo de uma situação que ele registrou como estressante, o que pode reduzir a chance de um ataque de ansiedade.

Consuma água de coco, melancias, bananas e multivitamínicos.

Você se lembra de quando falamos sobre ter sido comprovado que algumas vitaminas ajudam quem têm problemas com distúrbios de ansiedade? É de suma importância que você se certifique de tê-las em sua dieta. Bananas, em particular, agem como betabloqueadoras, um tipo comum de medicação prescrita por médicos para tratar a ansiedade. A melancia tem uma das maiores concentrações de vitamina B6 dentre todas as frutas e vegetais no mercado, e essa vitamina é aque ajuda na produção de substâncias químicas do cérebro que regulam o pânico e a ansiedade. E então, há a água de coco. Esse líquido é cheio de vitaminas e minerais essenciais que ajudam não só a regular os químicos no cérebro que promovem a ansiedade, como também diminuem a chance de depressão naqueles que lidam com distúrbios relacionados à ansiedade. Certifique-se de ter todas essas coisas na sua dieta!

Evite situações delicadas até melhorar a sua confiança

Use as táticas descritas acima sobre como se acostumar novamente com situações sociais (como os exemplos sobre suas idas ao supermercado). Se você tem alguma fobia em particular, você tem a opção de buscar um tratamento de imersão para te ajudar a combater essas fobias, caso prefira.

Tenha alguém para conversar

Sempre tenha um amigo próximo ou um parente com quem possa conversar sobre os problemas que você está enfrentando. Saber que você não é o(a) único(a) lidando com eles pode influenciar positivamente na disposição da sua mente.

Caminhe regularmente

Tire 10 minutos para caminhar todos os dias e apreciar as vistas, cheiros e sons. Isso não só funciona como uma ótima tática de distração, mas também ajuda na sua gradual reinserção no mundo, de forma lenta, para caso você tenha se isolado muito por conta do seu distúrbio de ansiedade.

Medite para encontrar a paz interior

Medite por 10 a 15 minutos ao dia. Isso pode acabar com seus bloqueios mentais vitais e te ajudar a ficar mais em contato e com consciência da disposição interior, o que pode ajudar a aliviar nuvens autoinduzidas de ansiedade.

Arrume um novo emprego!

Se parte da sua ansiedade e infelicidade é causada pelo seu trabalho, então comece a procurar outra coisa. Coloque seu currículo em sites como o Indeed, e esteja aberto(a) ao que pode ter lá fora. Às vezes, uma mudança na carreira pode aliviar uma grande quantidade de estresse. Se nenhuma porta se abrir para você, voltar a estudar é sempre uma opção.

Assista a vídeos de positividade psicológica

Canais do YouTube como o GoalCast, MotivationGrid, e Ben Lionel Scott *(todos em inglês)*frequentemente postam vídeos motivacionais incríveis destinados a inspirar a mente a fazer o que achamos que não conseguimos. Assistir vídeos assim é uma ótima forma de aumentar sua disposição sem sobrecarregar seu cérebro com a leitura de textos impessoais.

Cerque-se de pessoas com o pensamento positivo

As pessoas que te cercam sempre vão te afetar de alguma forma. Se você mantiver pessoas com pensamento positivo à sua volta, elas vão te afetar de formas positivas.

Se você seguir todas as dicas acima, você estará no caminho certo para controlar sua ansiedade de forma apropriada e por conta própria. Ao contrário do que dizem, a ansiedade é manejável e, em alguns casos, completamente curável. É por isso que é muito importante certificar-se de seguir essas dicas da melhor forma possível: quanto mais você puder fazer por conta própria, menos dependência terá em forças externas para te ajudar. Isso não só ajudará a elevar sua autoestima, como também elevará sua confiança em si mesmo(a) para viver a vida da forma que você quer.

A coisa que você tem que entender, através de toda essa jornada, é que o D.A.G. não é uma prisão.

Capítulo Quatro

D.A.G. não é uma prisão

O que você precisa entender é que não está sozinho(a). Distúrbios de ansiedade afetam 19% dos adultos apenas nos Estados Unidos, o que se traduz para 40 milhões de adultos entre os 18 e os 54 anos. A estatística mais assustadora é de que se estima que 30% dos adultos ao redor do mundo lidam com problemas de ansiedade que não foram diagnosticados. Estes adultos não estão buscando tratamento, não estão praticando técnicas que ajudam, e não estão sob o cuidado de um médico atencioso para navegar nessa assustadora jornada que trilham. Dos 19% dos adultos que buscam tratamento, apenas 10% deles serão tratados corretamente.

É por isso que é importante manter um diário com seus sintomas e gatilhos, e sempre fazer perguntas. Confiamos que nossos médicos sempre pensarão no melhor para nós, mas só conseguem fazer seus trabalhos com as informações que damos a eles.

Um dos maiores fatores que médicos e psicólogos avaliam é a felicidade dos indivíduos no trabalho. Por quê? Porque incríveis 41% dos adultos no mundo dizem que a maior parte da ansiedade vem do ambiente de trabalho. Não estar feliz com a própria carreira piora ainda mais a carga aplicada sobre o corpo.

Distúrbios de ansiedade, e especialmente o D.A.G., são o tipo mais comum de doença mental nos Estados Unidos. São altamente tratáveis e manejáveis para aqueles que seguem o tratamento adequadamente e buscam ajuda constante de médicos aptos a ajudaremno alcance de uma melhor qualidade de vida. Infelizmente, somente 30% daqueles que têm problemas com distúrbios induzidos pela ansiedade e pelo pânico realmente buscam se tratar.

Não somente isso, mas quase 50% daqueles que são diagnosticados com um distúrbio de ansiedade também são diagnosticados com depressão. É muito comum as duas coisas estarem acompanhadas, motivo pelo qual muitos tratamentos médicos tenham se tornado exagerados. As dicas dadas acima são formas de um indivíduo lidar adequadamente com a ansiedade e momentos de preocupação de formas saudáveis que não trazem o risco de criar um vício em medicações ou de serem indicadas táticas impróprias de tratamento. Você deve sempre buscar a ajuda de um médico e informar o que está tentando fazer, mas se seu médico não apoia os caminhos que você quer experimentar, não tenha medo de procurar por uma segunda opinião.

Afinal, esta é sua vida. Tomar o controle de seus tratamentos médicos permitirá que você encontre formas de lidar com seu D.A.G. no longo termo, assim como com outros diagnósticos que podem surgir como resultado de seus problemas com ansiedade e pânico. Mas isso pede pela reiteração de dois fatos bem específicos: 1) você não está sozinho(a); e 2) a ansiedade é manejável. É possível viver uma vida maravilhosa e completa depois de ser diagnosticado(a) com um distúrbio de ansiedade, e se todos os gatilhos forem avaliados e combatidos, é possível até se livrar do distúrbio de ansiedade por completo.

Essas estatísticas são desconcertantes, considerando-se a quantidade de pessoas que vivem com distúrbios de ansiedade sem diagnóstico. Ao passo que a tecnologia evolui e poluições sonoras se tornam algo diário em nossas vidas, nosso foco sempre parece ser arrancado de uma tarefa e levado a outra em todo momento. Além disso, com a conectividade que a tecnologia permite, estamos criando viciados em trabalho que acabam levando grande parte do serviço para casa, o que significa que todo o estresse do escritório acaba entrando em seus lares. A mente é um mecanismo poderoso, com uma velocidade de 200 rotações por segundo. Isso significa que o cérebro humano médio inicia processos que nos permitem interpretar e reter informações 200 vezes por segundo, separadamente.

Isso resulta em mais de 17 milhões de processos por dia.

Quer dizer que o cérebro pode criar associações entre o mundo físico e nosso mundo emocional de forma incrivelmente rápida. Pessoas que levam o trabalho para casa com elas, e todos os estresses que vêm acompanhados do trabalho, vão acabar se vendo ansiosas em seus próprios lares e camas, mesmo que tenham relaxado do trabalho em um determinado dia. Por quê? Porque o cérebro usou alguns daqueles 17 milhões de processos para reforçar que o estresse e emoções negativas estão associados a um objeto físico que você usa de forma rotineira. Isso pode se tornar muito perigoso para pessoas que têm problemas com distúrbios de ansiedade, e é outro motivo pelo qual a taxa de adultos diagnosticados com o D.A.G. está só aumentando.

Mesmo que a tecnologia tenha facilitado nossas vidas, ela também as tornou mais estressantes, o que abriu a porta para mais ansiedade.

Admitimos que jogamos muita informação em você neste livro. Então, leia abaixo uma página que você pode imprimir que contém um sumário de tudo que te passamos. Qualquer um pode imprimir e colar no espelho do banheiro, levar junto com as coisas do trabalho ou até colar na geladeira para sempre se lembrar das coisas que podem ser feitas. Tem desde aquilo que você precisa para cada consulta, até táticas que você pode usar para manter a ansiedade bem longe. Esses itens vão te ajudar na sua jornada para uma relação saudável com sua ansiedade, e com sorte, a eliminação dela por completo.

Se você leu tudo deste livro, tenho orgulho de você. Apenas a leitura desse material significa que você reconhece que algo não está certo, e está buscando por respostas às perguntas que você tem. Dar estes primeiros passos garante que você está no seu caminho para uma recuperação completa, e isso requer muita força e coragem.

No entanto, há muitas pessoas com pensamentos e sentimentos ansiosos agora mesmo, considerando comprar este guia. Muitas pessoas que sofrem com ansiedade e pânico se convencem de não fazer coisas que podem ajudar, porque ficam muito incertas. Por favor, se esse guia te ajudou de qualquer forma, deixe uma avaliação. Conte àqueles que ainda estão tendo muitos problemas sobre como este livro te ajudou, e encoraje-os a buscar o conhecimento e a educação aqui contidos. Ajude-os a fazer a escolha corajosa e definitiva que você fez.

Tanto eu quanto a pessoa que você está ajudando terão eterna gratidão pela sua avaliação do livro.

Guia Rápido para o Alívio da Ansiedade

Imprima esta página e mantenha-a em um local acessível. Este sumário ajudará em tudo que você precisa ter com você para cada consulta médica e contém as dicas que você pode implementar por conta própria para manejar sua ansiedade em sua própria casa.

Para suas consultas, sempre leve:

- Seu diário atualizado com gatilhos e sintomas;
- Quaisquer perguntas que tenha para o médico.

Adote estas dicas para cuidar de seus episódios de ansiedade:

- Foque em você, e não nos seus pensamentos;
- Comemore cada pequena vitória;
- Sempre faça atividades divertidas;
- Tenha uma dieta saudável;
- Certifique-se de também incluir multivitamínicos, bananas, melancias e água de coco na dieta;

- Beba ao menos 2 L de água todos os dias;
- Seja voluntário(a) em abrigos e ONGs para sair um pouco de casa e ficar a serviço de outra pessoa;
- Descanse bastante todas as noites;
- Não tenha medo de investir em si mesmo(a), e vista-se bem!
- Tire folgas regulares e pausas no trabalho para fazer algo que gosta sem a pressão que o trabalho exerce em você;
- Não se coloque intencionalmente em situações delicadas antes de estar pronto(a). Passe a encará-las gradualmente;
- Tenha um amigo(a) próximo(a) ou parente com quem você possa conversar sobre seus problemas e preocupações sem julgamento;
- Dê uma caminhada de 10 minutos diariamente enquanto respira fundo;
- Medite por 10 a 15 minutos diariamente em um espaço onde se sinta confortável;

- Se seu trabalho é o que mais te deixa ansioso(a), então dê os passos necessários para procurar outras oportunidades;
- Assista a um vídeo de positividade psicológica todos os dias para livrar sua mente de linhas de pensamento de caráter ansioso, substituindo-as por algo novo em que pensar;
- Cerque-se de pessoas felizes e com pensamento positivo.

www.ingramcontent.com/pod-product-compliance
Lightning Source LLC
Chambersburg PA
CBHW071237020426
42333CB00015B/1513